우리는 신문을 통해 많은 것을 얻습니다.

평소에 신문을 가까이 하면서 관심 있는 정보를 스크랩해 보세요.

정보를 얻을 수 있는 눈도 길러지고 글쓰기에도 큰 도움이 됩니다.

그리고 가족과 함께 신문 기사를 어떻게 볼 것인지 이야기를 나누고

서로 의견을 나누어 보세요. 이렇듯 신문이 가까워지고 난 뒤에는 가족끼리

의논해서 일정한 시기에 한 번씩 나오는 '가족 신문'을 만들어 보세요.

신문을 더 가까이 할 수 있는 좋은 기회가 될 것입니다.

글쓰기 연습이 따로 필요 없답니다. 신문을 잘 활용하세요.

자연 지리 감수_ 송언근

경북대학교 학부와 대학원에서 자연지리와 지리교육을 전공하고 박사 학위를 받았습니다. 뉴질랜드 크라이스트처치 교육대학 연구 교수로 활동하였으며, 지금은 대구교육대학교 사회교육과 교수로 있습니다. 쓴 책과 옮긴 책으로는 〈지리로 읽는 대구 이야기〉, 〈교육 연구의 질적 접근〉, 〈교육적 질문하기〉, 〈초등지리 교육론(공역)〉 등이 있습니다. 논문으로는 〈그림지도에서 수준별 교수·학습과 수행평가의 관계 구성〉, 〈지리교육에서 지형교육의 의미와 방향〉 등이 있습니다.

인문 지리 감수_ 서태열

서울대학교 학부와 대학원에서 지리교육을 전공하고 교육학 박사 학위를 받았습니다. 미국 텍사스주립대학에서 방문 교수로 활동하였으며, 지금은 고려대학교 지리교육과 교수로 있습니다. 제7차 사회과 교육과정 개정위원 및 초등 사회 교과서 집필위원, 한국교육과정평가원 자문위원 등을 지냈으며, 지금은 교육인적자원부 사회과 교육과정 심의위원, 한국사회과교육연구학회 부회장, 한국지리환경교육학회 부회장, 고려대학교 교과교육연구소장을 맡고 있습니다. 쓴 책과 옮긴 책으로는 〈지리교육학의 이해〉, 〈위성에서 보는 한국 아틀라스〉, 〈세계화 시대의 세계지리 읽기〉, 〈초등지리 교육론(공역)〉 등이 있습니다.

지구촌 감수_ 옥한석

서울대학교 학부와 대학원에서 지리학을 전공하고 박사 학위를 받았습니다. 한국사진지리학회장, 교육자료개발원장, 미국 워싱턴대학 방문 교수로 활동하였습니다. 지금은 한국지역지리학회 부회장 및 강원대학교 지리교육과 교수로 있습니다. 쓴 책으로는 〈세계화 시대의 세계지리 읽기〉 등이 있으며, 논문 〈생활 중심 교수 학습·모형의 설계와 적용〉과 〈학생의 일상적 개념을 활용한 지리 학습 동기 유발 방안 연구〉는 교육 현장의 주요 연구 사례로 평가받고 있습니다.

생활 문화 감수_ 남경희

일본 쓰쿠바 대학원에서 사회교육학을 전공하고, 교육학 박사 학위를 받았습니다. 제7차 초등 사회 교과서를 집필한 바 있으며, 한국사회과교육연구학회 회장, 서울교육대학교 발전기획단장 등으로 활동하였으며, 지금은 서울교육대학교 사회교육과 교수로 있습니다. 쓴 책으로는 〈사회과 교수·학습론〉, 〈현대 사회과 교육〉, 〈붕어빵 학교 753교실〉 등이 있습니다.

사회 생활 감수_ 서이종

서울대학교 학부와 대학원에서 사회학을 전공하고, 독일 베를린자유대학에서 박사 학위를 받았습니다. 서울대학교 중앙전산원 부원장으로 활동하였으며, 지금은 서울대 정보사회포럼을 맡고 있고, u클린 운동 추진위원장으로도 활동하고 있으며, 서울대학교 사회학과 교수로 있습니다. 쓴 책으로는 〈과학 사회 논쟁과 한국 사회〉, 〈한국 사회의 위험과 안전〉, 〈인터넷 커뮤니티와 한국 사회〉, 〈한국 벤처기업가 벤처기업가 정신〉, 〈사이버 시대의 사회 변동〉, 〈지식정보사회의 이론과 실제〉 등이 있습니다.

민주 정치 감수_ 장훈

서울대학교 학부와 대학원에서 정치학을 전공하고, 미국 노스웨스턴대학교에서 박사 학위를 받았습니다. 한림대학교 정치외교학과 교수, 한국정치학회 상임이사로 활동하였으며, 지금은 중앙대학교 정치외교학과 교수로 있습니다. 쓴 책으로는 〈경제를 살리는 민주주의〉, 〈한국의 자유민주주의〉 등이 있습니다.

글_ 나은희

단국대학교에서 국문학을 공부하고, 줄곧 어린이 책 만드는 일을 해 오다 지금은 어린이들을 위한 글을 쓰고 있습니다. 쓴 책으로는 〈사박사박 모래장난〉, 〈달린다, 달려〉, 〈왜 그러는 걸까?〉, 〈사계절 생태놀이〉, 〈배꼽손〉 등이 있습니다.

그림_ 차진아

이화여자대학교에서 정보디자인학을 공부하고, 지금은 여러 출판사의 어린이 책에 그림을 그리고 있습니다. 그린 책으로는 〈밤에는 왜 어두워질까요?〉, 〈달은 무엇일까요?〉, 〈분무통을 찾아 주세요〉 등이 있습니다.

똑똑한 사회탐구 ㉗ 생활 문화 | 신문의 발달　**악동 신문사**

펴낸이 박희철 | 펴낸곳 한국헤밍웨이 | 출판등록 제406-2013-000056호 | 주소 경기도 성남시 분당구 금곡동 444-148 | 대표전화 031-715-7722 | 팩스 031-786-1100
기획·편집 오영호 이미경 황인옥 김경란 | 아트디렉터 유정미 | 디자인 박희경 이혜희 박민경 | 사진진행 시몽포토에이전시
사진출처 9 뉴스의 가치_연합포토 | 34 활판으로 인쇄한 신문과 활자_시몽포토에이전시 | 35 다양한 신문들_시몽포토에이전시 | 35 인터넷 신문_뉴스데일리 | 35 신문 인쇄 모습_중앙포토 | 36 한성 순보와 독립 신문_시몽포토에이전시, 중앙포토 | 36 언론 통폐합_연합포토 | 37 무가지 신문들_시몽포토에이전시 | 37 외신 기자_중앙포토 | 37 스포츠 기자_중앙포토 | 37 사진 기자_중앙포토

생활 문화 | 신문의 발달

악동 신문사

글 나은희 | 그림 차진아

한국헤밍웨이

악동 신문 창간

은하수, 코딱지, 왕발이, 공주병 넷은 마을에서 소문난
악동들이에요. 악동들이 이번엔 '악동 신문사'를 만들어 어른들을
골탕먹이려고 작전을 개시했지요. 악동들은 먼저 신문사로 쓸
아지트를 마련했어요. 왕발이네 삼촌이 사는 옥탑방이었어요.
삼촌을 졸라 하나 남은 방을 사용하기로 한 거예요.
악동들은 팻말에다 멋지게 '악동 신문사'를 써서 간판도 내걸었어요.
그러고는 서로 신문에 대해 알아 온 것들을 주저리주저리 풀어 내기
시작했지요.

신문과 뉴스, 기자

신문을 만드는 데 가장 중요한 건 뉴스예요.
발로 뛰어 뉴스를 취재해서 기사로 써 신문에
올리는 일을 기자들이 하지요. 정치는 정치부 기자가,
경제는 경제부 기자가, 사회에서 일어나는 이런저런
일은 사회부 기자가, 예술이나 문화에 대한 일은 문화부
기자가 각자 나누어서 취재해요. 또 나라 밖에서
일어나는 일만 취재하는 외신 기자, 스포츠에 관련된
기사만 다루는 스포츠 기자, 사건 현장을 사진으로
찍는 사진 기자가 있어요. 기자들에게 무엇보다
중요한 건 독자들에게 가장 필요한 정보를
객관적으로 쓰는 능력이지요.

뉴스가 필요해

공주병이 잘난 체하며 말했어요.

"얘들아, 알지? 우리 아빠가 마을 신문사 편집장님인 걸?

신문사에서는 무엇보다 중요한 게 뉴스야, 뉴스!

어른들을 골탕먹일 새로운 뉴스가 있어야 해. 뉴스는 말이야,

기자들이 취재해서 쓰는 건데, 너희들 가운데 누가 기자 할 거니?"

그러자 열심히 콧구멍을 후비던 코딱지가 말했어요.

"야, 공주병 그러는 너는 뭐 할 건데?"

"나야 악동 신문사에서 신문을 발행하는 발행인이기도 하고

또 기자들이랑 어떤 기사를 실을지 결정하는 편집장이기도 하지."

▲ **뉴스의 가치** 뉴스는 사람들이 관심을 가질 만한 것, 특이하고 신기한 것, 금방 일어난 일, 어떤 일에 관련된 사람이 많을수록 그 가치가 높아집니다. 2006년 7월 중국 외교부장과 회담을 마치고 나온 반기문 외교 통상부 장관이 기자들에 둘러싸여 인터뷰를 하고 있습니다.

편집 회의

공주병은 발행인과 편집장, 코딱지는 이것저것 모두 취재하는 기자,
은하수는 광고를 모으러 다니는 일, 왕발이는 신문 만드는 일을
하기로 했어요. 모두들 자기가 맡은 일을 마음에 들어했어요.
넷은 머리를 맞대고 처음으로 편집 회의를 했어요.
"이 신문을 읽는 독자들은 우리 친구들이야.
친구들이 가장 궁금해하는 것이 뭘까?"
공주병 편집장이 말했어요.
"우리가 항상 하던 대로 어른들 골탕먹이는 일이겠지."
"어른들을 골탕먹이더라도 뭔가 뜻이 있어야
친구들이 우리 신문을 좋아하지 않을까?"
"그래, 우리 마을 구석에다 쓰레기를 몰래 버리는 어른들을 취재해 보자.
이것도 안 된다, 저것도 안 된다, 항상 아이들만 나무라고,
몰래 나쁜 일을 하는 어른들을 취재해서 신문을 만드는 거야."
코딱지가 말했어요.

10

11

취재 현장으로

공주병 편집장이 코딱지 기자한테 말했어요.

"음, 이 기사 내용을 보아선 넌 이번엔 사회부 기자가 되어야겠어.

우리 아빠가 그러시는데 기사를 쓸 때 무엇보다 중요한 건

'누가, 언제, 어디서, 무엇을, 어떻게, 왜'의 순서로 써야 한대.

그리고 기사를 쓰는 기자는 사건을 공정하고 진실하게

보도해야 하는 임무를 띤……."

코딱지 기자는 그만 하라는 듯 손사래를 치며

공주병 편집장한테 말했어요.

"그런데 나 혼자 사건 현장에 취재를 나가야 하니?"

"왜, 겁나니?"

"응!"

공주병 편집장은 코딱지를 따라 사건 현장으로 나섰어요.

공주병 편집장이 아끼는 디지털 카메라도 들고 말이에요.

취재는 힘들어

둘은 쓰레기가 버려진 마을 구석진 전봇대 옆에서 누가 쓰레기를 버리는지 기다렸어요. 하지만 아무리 기다려도 쓰레기를 그냥 내다 버리는 사람은 없었어요. 그럴 수밖에요.

누가 사람들 눈에 띄게 환한 대낮에 쓰레기를 내다 버리겠어요.

그래서 그 근처에 사는 마을 사람들을 취재해 보기로 했어요.

"쓰레기를 몰래 내다 버리는 것에 대해 어떻게 생각하세요?"

"혹시 누군지 짐작 가는 사람이 없나요?"

쥐돌이네 슈퍼 주인 아저씨는 마구 짜증을 냈어요.

"그걸 알아서 뭐 하게? 조그만 녀석들이 별걸 다 꼬치꼬치 캐묻고 다니는군."

그래도 코딱지랑 공주병은 가져간 디지털 카메라로 사진도 찍으며 열심히 취재했어요.

기사 쓰기

공주병과 코딱지는 악동 신문사로 돌아와 기사를 쓰기
시작했어요. 코딱지는 공주병이 일러 준 대로
'누가, 언제, 어디서, 무엇을, 어떻게, 왜'의 순서에 맞춰
기사를 써 나갔어요.
공주병 편집장은 코딱지가 쓴 기사를 읽고는 여기도 고치고
저기도 고치고 이것저것 고쳐 달라고 말했어요.
코딱지 기자는 콧구멍을 후비며 귀찮다는 듯이
투덜거렸지요.

17

제목 정하기

"코딱지 기자, 서둘러 주세요. 마감 시간이 다 되었어요."

"흥!"

코딱지가 콧구멍 후비다 말고 콧바람을 내었지요.

"코딱지 기자, 제목을 더 그럴듯하게 바꾸어 보세요.

뉴스는 읽는 독자들을 사로잡는 생생함이 있어야 해요."

공주병이 걸쭉한 목소리로 제법 편집장답게 말했지요.

코딱지 기자는 제목을 여러 번 고친 끝에 기사를 완성했어요.

광고 모으기

"너희들 광고 좀 모아 왔니?"

기사가 다 완성될 쯤 광고를 모으러 나갔던 은하수와 왕발이가 돌아왔어요.

"그럼. 우리가 얼마나 발바닥에 땀이 나도록 뛰었는데."

은하수가 종이를 탁 내려놓으며 말했어요.

"응, 우리 반에 노랑머리 왕수다 있잖아, 알지? 다음 주에 자기 생일인데
맞나 분식에서 생일 잔치를 할 거니까 친구들을 초대하는 광고를 내달라고 했어.
그러고는 광고비 대신에 신문 내는 데 쓰라고 종이를 줬어."

그러자 왕발이도 자기가 받아 온 광고에 대해 말했어요.

"나는 무다리한테서 광고를 받았어. 자기 괴물 종이 딱지하고
공룡 나라 말랑 딱지를 바꿀 사람 있는지 광고를 내달래.
그러고는 빵을 광고비로 내놓았어. 무다리 집이 빵집이잖아."

광고

기사 말고 나머지 공간을 메우는 역할을 광고가 하지요.
광고는 신문 지면의 45퍼센트나 차지하기도 해요.
광고는 신문을 보는 사람들한테 상품에 대한 정보를 주고
고르게 하는 역할을 하거나 어떤 정보를 사람들이 많이
알게 하기도 해요.
광고를 신문에 싣는 대신 광고를 싣는 회사나 사람들로부터
비용을 받는데, 광고비는 신문을 내는 데 많은 도움이 되지요.

▲ 편집 회의에서 우리 주변에서 일어나는
많은 뉴스 가운데 가장 중요한 뉴스를 고릅니다.

▲ 현장에 나가
사건을 취재합니다.

▶ 편집이 다 되면 제작부로
넘겨서 인쇄합니다.

신문 모양 잡기

"이제 신문 지면을 구성해야 돼."

공주병이 말하자 왕발이가 콧노래를 부르기 시작했어요.

"신난다, 신난다! 우리 네 악동들.

신난다, 신난다! 신문을 만들었네.

신난다, 신난다! 악동 냄새 그득하네."

네 악동들은 역할을 나눠 기사를 입력하기 시작했어요.

디지털 카메라로 찍은 사진도 골라 붙였어요. 또 광고를 돋보이게 하려고

장식도 하면서 악동 신문답게 꾸미려고 나름대로 열심이었지요.

편집국

▲ 기사를 씁니다.

편집부에서 중요한 순서대로 기사
위치를 정하고 큰 제목, 작은 제목도 뽑고,
글자 모양이나 사진의 위치도 정합니다.

23

다양한 신문, 다양한 의견

한참 열심히 신문을 만들던 은하수가 말했어요.

"있잖아, 신문사들은 똑같은 사건이라도 서로 다른 입장에서 보도하기도 해.
어른들이 쓰레기를 몰래 내다 버리는 걸 우리처럼 반대하는 사람도 있지만,
찬성하는 사람들도 있을 거야."

그러자 공주병도 한 마디 거들었지요.

"우리 아빠가 그러시는데 어떤 신문은 사람들을 깜짝 놀라게 하려고
별거 아닌 기사도 1면에 싣기도 한대."

잠자코 악동들이 하는 말을 듣고 있던 왕발이가 얼굴을 찌푸리며 말했어요.

"어, 그럼 우리 기사를 읽고도 찬성하는 사람들, 반대하는 사람들로 나뉘겠네."

"그럼. 하지만 그게 겁난다고 우리가 싣고 싶은 기사를 포기할 수는 없잖아."

"맞아, 맞아!"

모두들 입을 모아 말했지요.

악동 신문

2012년 9월 / 발행인 : 악동들

도대체 어른들의 양심은 어디로 가출했을까?

아이들 본보기가 되려면 꼭 양심을 찾기를

우리 마을 구석진 전봇대 아래에 쓰레기가 쌓이고 있습니다. 누군가 몰래 한밤중이나 새벽에 쓰레기를 갖다 버리는 것이지요. 도대체 누가, 왜 이런 일을 저지르는 것일까요? 쓰레기는 일반 쓰레기와 음식물 쓰레기가 뒤섞여 있습니다. 이 쓰레기 때문에 가장 힘들어하는 것은 전봇대입니다. 전봇대는 고약한 쓰레기 냄새 때문에 몸살을 앓고 있습니다. 하지만 쓰레기를 분리하지 않고 말입니다. 아직 누가 이런 일을 벌이는지 정확히 알아 내지는 못합니다. 그것도 쓰레기를 몰래 갖다 버리는 사람이 한 명이 아니라 여러 명입니다. 이렇듯 한밤중에 쓰레기를 몰래 갖다 버리는 걸로 추측됩니다. 쓰레기 양을 살펴보아서는 갖다 버리는 사람이 여러 사람한테 피해를 주는 걸까요? 항상 아이들니다. 쓰레기 봉투 값이 얼마나 된다고 전봇대와 더불어 여러 사람한테 피해를 주는 걸까요? 항상 아이들한테 깨끗한 양심을 가르치려는 어른들이 이래서는 안 되겠지요. 또한 아이들한테 나쁜 행동을 가르치는 것입니다. 쓰레기를 버리는 집 나간 어른들의 양심이 빨리 제자리를 찾아 돌아왔으면 합니다.

코딱지 기자

알립니다!

악동 신문이 드디어 창간되었습니다. 학우 여러분의 열렬한 성원에 힘입어 첫 번째 신문이 탄생되었습니다. 어른들에게 전할 말이나 취잿거리가 있으면 악동 신문에 제보해 주시기 바랍니다.

광고

내 딱지랑 바꿀 사람!

내 고물 딱지 아주 멋지거든. 테두리도 조금밖에 안 헐었고 그림도 아직 선명해. 공룡 나라 말랑 딱지하고 바꾸었으면 하는데 혹시 더 마음에 드는 게 있으면 다른 거랑 바꿀 수도 있어. 한꺼번에 다 바꾸어 주면 덤으로 빼빵빵 물총도 얹어 줄게.

따끈따끈한 신문

드디어 신문이 완성되었어요.

막 나온 따끈따끈한 악동 신문이에요.

아이들은 그 신문을 들고 복사해 주는 가게로 달려갔어요.

그리고 50부를 복사해서는 친구들이 모여 노는 곳을

찾아다니며 나눠 주었어요. 이 가게 저 가게를 들러

어른들에게도 나눠 드렸어요. 어른들은 반대 의견을

내기보다는 기특하다며 네 악동들 머리를 쓰다듬어 주셨어요.

악동들이 신문을 내고는 착한 아이들이 되고 말았어요.

하지만 악동들은 별로 기분 나쁘지 않았어요.

심지어 자랑스럽기까지 했어요.

27

두 번째 편집 회의

악동들이 다시 악동 신문사에 모였어요.

두 번째 편집 회의를 소집한 거예요. 이번에는 어떤 뉴스를 정해

취재를 하고 기사를 쓸지 모두들 하나씩 의견을 내놓았어요.

그 가운데 코딱지가 낸 의견이 두 번째 신문 기사로 결정되었어요.

'놀 시간이 없는 아이들 어떡하나?'

그리고 공주병은 요즘 아이들한테 인기가 있는 '똥파리 아저씨를 따라간

아이들'이라는 뮤지컬을 취재해서 싣기로 했지요. 문화부 기자가 된 거예요.

왕발이는 요즘 아이들이 부모님에게 가장 바라는 게 무엇인지 설문 조사를

해서 싣기로 했어요. 은하수한테는 여기저기서 광고가 쏟아져 들어왔어요.

심지어 이발소 아저씨가 얼마 전 잃어버린 가발을 찾는다는

광고를 실어 달라고 했어요.

악동 신문사는 아주 바빠지기 시작했지요. 악동들은 어느 새

어른들 골탕먹이는 일 따위는 까마득하게 잊어버렸어요.

▼ 뮤지컬 '똥파리 아저씨를 따라간 아이들'을 취재하는 공주병   ▼ 설문 조사하는 왕발이

은하수에게 광고를 실어 달라는 이발사 아저씨

물 맑은 마을 신문

2012년 10월 / 발행인 : 물 맑은 마을 사람들

스쳐 불어온 향기, 화초

집에서 화초 키우기!

악동들이 일내다, 악동 신문사

악동들이 어른들 세상에 옐로우 카드 던지다

얼마 전 마을 초등 학생 몇 명이서 악동 신문사를 만들어 신문을 펴냈습니다. 아직 대로 어른 세계를 날카롭게 비판하는 기사를 써 어른들을 부끄럽게 하고 있습니다 른들을 골탕먹일 생각으로 신문사를 만들었다고 합니다. 하지만 자신들이 스스 속에서 그냥 장난이 아니라, 신문의 필요성을 인정하고 제대로 된 신문이 나오 니다. 악동들이 던지는 날카로운 지적에 따라 물 맑은 마을 운영 위원회에서는 것에 대해 집중 단속을 벌이도록 결정했습니다. 아이들의 맑은 양심의 눈 좋은 예입니다. 악동 신문사의 네 악동은 요즘 물 맑은 마을의 가장 인기 있 들뿐만 아니라 어른들의 관심도 사로잡고 있습니다. 악동 신 리잡아 아이들의 문화를 전할 뿐 아니라, 어 기구가 되겠다는 의지를 전하

32

눈코 뜰 새 없이 바빠진 악동 신문사

이제 악동 신문사는 일 주일에 하나씩 신문을 만들게 되었어요.

그야말로 주간 신문사인 셈이에요. 코딱지는 아주 바빠 콧구멍 후빌

시간도 줄어들었지만 신문 만드는 일은 아주 신났어요.

기자를 하고 싶다고 친구들이 몰려들어

시험 문제를 내서 기자를 뽑기도 했지요.

새로 뽑힌 기자들은 기사를 잘 썼어요. 기자들이 많아져서

새로운 뉴스나 유익한 정보를 신문에 많이 실을 수 있었어요.

가끔 어른들이 어떤 기사를 취재해서 실어 달라고 부탁하기까지 했지요.

하지만 악동들은요, 요즘도 조금씩 어른들 골탕먹이는 악동 짓을 한답니다.

악동 신문사 만세!

정보화 시대에 접어들면서 신문도 변하고 있습니다. 종이 신문과 인터넷 신문의 장단점을 살펴보고 우리 생활에 없어서는 안 될 신문의 역사와 종류에 대해 알아봅니다.
초등 사회 교과에서는 6학년 2학기 '정보화 , 세계화, 그리고 우리'에서 정보를 얻는 방법 중 하나로 신문을 이야기하고 있으며, 전 과정에 걸쳐 신문 활용의 중요성을 강조하고 있습니다.

석고판에서 인터넷 신문까지

옛날 로마 시대 석고판으로부터 시작되어 오늘날 전자 신문에 이르기까지 신문의 역사는 오래 전부터 시작되어 오늘에 이르고 있습니다. 다른 어떤 매체보다 가장 오래 된 역사와 전통이 있지요. 자, 신문이 어떻게 오늘날까지 이어졌는지 그 발자취를 더듬어 보기로 해요.

인류 최초의 신문

옛날 로마 시대에 석고판에다 글자를 한 자 한 자 새겨 만든 게 인류 최초의 신문이라고 할 수 있어요. 그 때는 전쟁이 많던 시절이라 주로 군대 소식이나 나라에서 결정한 중요한 사항을 알렸지요. 직접 밖에 내다 걸어 사람들이 볼 수 있도록 했어요.

활판으로 만든 종이 신문

활자를 만들어 대량으로 찍어 낼 수 있는 활판 인쇄술이 발달하면서 종이 신문이 나오기 시작했어요. 활판 인쇄는 활자 하나 하나를 활자판에 꽂고 그 판에 납을 부어 글자판을 만들고 이것을 기계에 붙여 인쇄하는 것입니다.

지금은 컴퓨터가 복잡한 과정을 대신하여 간단해졌지만, 활판 인쇄술 때문에 짧은 시간에 신문을 많이 찍을 수 있었지요. 신문이 발달할 수 있었던 건 다 이 활판 인쇄술 때문이지요.

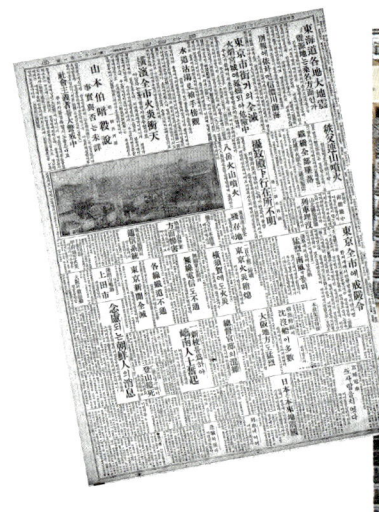

▶ **활판으로 인쇄한 신문과 활자** 활판은 활자를 짜서 만든 판으로, 예전에는 신문, 책, 잡지 등을 모두 활판으로 인쇄하였습니다.

다양한 신문의 등장

기차가 멀리까지 다니고 교통 통신이 발달하면서 신문이 멀리까지 체계적으로 배달될 수 있었지요. 교통의 발달 때문에 날마다 신문도 찍어 낼 수 있게 되었어요. 19세기에 접어들면서 오늘날 신문과 비슷한 신문이 만들어지기 시작했어요. 19세기에는 수많은 신문이 만들어졌어요. 언론 자유가 보장되어 자유로운 의견을 신문에 싣고 이런저런 정치적 색깔의 신문들이 많이 쏟아져 나왔지요. 그리고 사람들의 흥미만 자극하는 가벼운 신문도 많이 나왔어요. 그래서 신문의 권위가 땅에 떨어지기도 했어요.

하지만 읽는 독자들이 건전하고 유익한 신문을 찾기 시작했어요. 그 신문들이 오늘날까지 신문의 역사를 이끌고 있지요.

▲ **다양한 신문들** 신문의 가장 중요한 역할 가운데 하나가 사회에서 일어나는 일들에 대한 정보를 객관적으로 전해 주는 것입니다.

인터넷 신문

인터넷 신문은 원래 종이 신문을 내는 신문사들이 인터넷을 이용하는 독자들을 위해서 만든 것입니다. 인터넷 신문의 장점이라면 종이 신문처럼 지면이 한정되어 있는 게 아니라서 모든 기사를 다룰 수 있다는 것입니다. 하지만 읽는 사람들한테 가장 중요한 기사가 무엇인지 호소력 있게 다가가지 못하는 단점도 있지요.

인터넷 신문은 바로바로 기사를 올리고 사람들은 컴퓨터로 바로바로 확인할 수 있기 때문에 뉴스를 전하는 속도가 아주 빠릅니다. 또한 뉴스를 보다 더 생생하게 전달합니다. 종이 신문처럼 단순히 사진과 글자만으로 뉴스를 전달하는 게 아니라, 많은 이미지와 동영상으로 살아 있는 듯 전달하지요. 하지만 컴퓨터가 가까이 없으면 바로바로 확인할 수 없다는 불편함도 있어요.

이렇듯 인터넷이 우리 생활에 가까워지면서 사람들의 손에서는 종이 신문이 멀어지고 있습니다.

▲ **인터넷 신문** 인터넷 신문은 뉴스를 빠르게 전달합니다. 하지만 정보의 홍수 속에서 독자들에게 꼭 필요한 정보와 뉴스를 전달하는 신문만이 살아남게 될 것입니다.

종이 신문의 운명은 어떻게 될까요?

인터넷 신문이 발달하면서 세계적으로 종이 신문의 자리가 흔들리고 있습니다. 이에 종이 신문은 나름대로 설 자리를 찾기 위해 구성을 달리 하거나 성격을 바꾼다든지 해서 여러 가지 노력을 시도하고 있습니다.

종이 신문에는 인터넷 신문이 갖지 못하는 장점이 있습니다. 인터넷 신문은 많은 뉴스 속에서 어떤 게 가장 중요한 기사인지 파악하기 어렵지만 종이 신문은 가장 중요한 뉴스만을 다루기 때문에 신문만 훑어 보아도 중요한 사건들을 알아 낼 수 있습니다. 그리고 종이 신문은 언제 어디서나 들고 다니면서 볼 수 있습니다. 또한 대중들이 관심 있어 할 만한 기사를 깊이 있게 다룬다는 장점도 있지요. 종이 신문과 인터넷 신문은 나름대로 장점이 있습니다. 둘 다 알맞은 몫으로 건강하게 자리매김하여 신속한 뉴스와 유용한 정보들을 우리들에게 전달할 것입니다.

▲ **신문 인쇄 모습** 인터넷 신문의 발달로 종이 신문의 역할이 줄어들고 있지만 종이 신문은 여전히 그 어떤 매체보다 강력합니다.

▲ **한성 순보와 독립 신문** 우리 나라 최초의 신문인 한성 순보가 한문으로만 기사를 썼다면, 독립 신문은 더 많은 사람들이 읽을 수 있도록 한글로 기사를 썼습니다.

우리 나라의 신문

우리 나라에서는 15세기 무렵인 조선 시대 때 '조보(朝報)'라는 신문이 있었습니다. 이 신문은 승정원에서 발표하는 자료를 관리들이 손으로 베껴 써 각 관청에 배포했는데, 1894년에 없어졌습니다.

최초의 신문

우리 나라에서 가장 처음 만들어진 신문은 '한성 순보'예요. 한성 순보는 나라에서 만든 관보 성격을 가지고 있지요. 1896년에는 백성들이 손수 만든 '독립 신문'이 나왔어요. '독립 신문'은 서재필 등 독립 운동가들이 뜻을 가지고 함께 만든 신문이지요. 우리 나라를 식민지화하려는 일본의 검은 야심에 대항해 민족 의식을 심어 주는 내용을 담았지요.

일제 시대 3대 신문

일본이 우리 나라를 지배하면서 일본은 신문을 못 만들게 하다가 3·1 운동 이후 문화 식민 정치 아래에서 3대 신문이 나오게 되었는데, '동아 일보', '조선 일보', '시대 일보'였습니다. 그 가운데 '시대 일보'는 없어지고 '동아 일보'와 '조선 일보'만 살아남았는데 기사 하나를 쓰는 데에도 일본의 감시와 통제를 받아야 했습니다.

자유당 시대의 신문

일본의 지배에서 벗어난 뒤, 우리 나라 신문은 본격적으로 신문을 발행하기 시작했습니다. 그러나 독재 정치를 비난하려는 것을 막기 위하여 정부는 신문 발행 허가를 잘 내주지 않았고, 이 때문에 신문의 수가 줄어들기도 하였습니다.

1957년 신문사들은 4월 7일을 제1회 신문의 날로 정하고 언론의 자유와 책임, 독립성 등을 규정한 '신문 윤리 강령'을 채택하였습니다.

이어 1960년 4·19 혁명이 일어난 뒤 새로 개정된 헌법 제13조에는 "모든 국민은 언론·출판의 자유와 집회·결사의 자유의 자유를 제한받지 아니한다."고 규정해 놓았어요. 이에 따라 신문 발행이 등록제로 바뀌었고, 이 때 신문, 잡지가 많이 창간되었어요.

언론 통폐합을 거쳐 언론의 자유로

헌법이 개정된 뒤 바로 1961년 5·16 군사 정변이 일어나자, 언론은 군사 정부의 통제를 받기 시작했어요. 이로 인해 신문의 수가 많이 줄어들었지요. 또한 1980년 다시 권력을 잡은 군사 정부는 본격적으로 언론을 탄압하기 시작했어요. 많은 수의 신문과 잡지가 등록 취소되었고 신문사 방송사를 정부 마음대로 합치고 없애고 하였지요. 이를 '언론 통폐합'이라고 해요.

1987년 6·29 선언 뒤에는 신문사에도 변화의 바람이 불게 됩니다. 정기 간행물

▲ **언론 통폐합** 1980년 11월 4일 제5공화국 출범을 앞두고 신문, 방송, 통신사가 국가에 의해 강제로 통폐합되었습니다. 이로 인해 한동안 언론의 비판적 역할이 많이 줄어들게 되었습니다.

의 등록이 자유로워지면서 새로운 신문사가 생겨났습니다. 아울러 민주화 꽃이 피
고 언론도 더불어 건강하게 제 역할을 하고 있지요.

신문의 종류

신문의 종류는 어떻게 분류하느냐에 따라 여러 가지로 나누어집니다. 첫째, 발행
간격에 따라 일간지, 주간지, 격주간지 등으로 나눌 수 있어요. 일간지는 발행 시간
에 따라 조간지와 석간지로 나누어져요. 둘째, 배포되는 범위에 따라 전국지와 지방
지로 나누어지는데 조선 일보, 동아 일보, 한겨레 신문 등이 대표적인 전국지 신문
이라 할 수 있어요. 셋째로 다루는 내용에 따라 종합지와 전문지로 구분해요. 정치,
경제, 사회 등을 종합적으로 다루면 종합지이고, 스포츠나 부동산 등 특정 내용만
다루면 전문지예요. 이 외에도 인터넷 신문, 무가지 신문, 특정 정당이나 종교 단체
등 영리를 목적으로 하지 않는 기관지 등이 있어요.

▲ **무가지 신문들** 2002년부터 생겨난 무가지
신문은 주로 지하철을 이용하는 사람들에게 무
료로 나눠 주고 있습니다. 가볍게 읽을 수 있게
요약한 주요 뉴스와 스포츠 기사가 주된 내용으
로, 신문 발행은 광고비로 운영됩니다.

기자의 역할

기자는 정치부, 경제부, 사회부, 문화부 등으로 나뉘어 일합니다. 또한 다른 나라
에서 그 곳 뉴스를 전달하는 외신 기자도 있어요. 스포츠만 전달하는 스포츠 기자
도, 사진을 찍는 카메라 기자도 모두 뉴스를 전달하는 역할을 합니다.

기자는 뉴스를 진실하고 공정하게 전달하는 양심을 지니고 있어야 해요. 기자들
의 철저한 사명감이 세상의 진실을 전달하기 때문입니다.

이러한 기자들의 사명감이 신문의 공정성과 진실성을 지켜 주지요. 만약 신문이
공정성을 잃으면 커다란 사회 문제를 일으킬 수 있어요.

신문 같은 매체는 사람들한테 많은 영향을 끼칩니다. 사람들이 잘못된 뉴스나 정
보를 그대로 받아들여 그것이 사실인 것처럼 믿고 행동할 수 있어요. 신문은 민주주
의 사회에서 여론을 형성하는 큰 역할을 하는 도구입니다. 올바른 여론이 형성되어
야 사회가 발전하지요. 신문의 역할이 이렇게 중요한 것처럼 그 신문을 만드는 기자
의 역할이 무엇보다 중요하다는 것을 알 수 있지요. 그러므로 기자는 항상 올바른
기사를 전달하겠다는 사명감을 가지고 일해야 합니다.

▲ **외신 기자** 다른 나라에 살면서 그 곳 뉴스를
취재해 기사를 본사로 보냅니다.

▲ **스포츠 기자** 스포츠 경기가 열리는 곳은 어디든
지 달려갑니다. 스포츠 선수도 인터뷰하고, 경기
소식 등도 전합니다.

▲ **사진 기자** 사건 현장을 가장 생생하게 전
하는 사진 기자는 펜 대신 카메라로 독자에게
정보를 전달합니다.

똑똑한 사회탐구